1099!

Y Th.
43

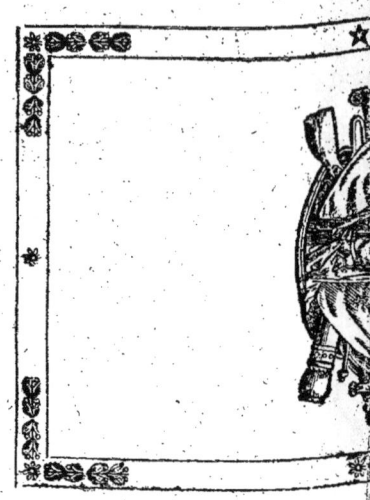

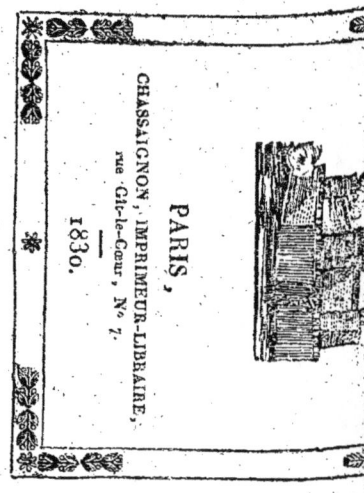

RÉVOLUTION
FRANÇAISE
EN JUILLET 1830.

PARIS,
CHASSAIGNON, IMPRIMEUR-LIBRAIRE,
rue Gît-le-Cœur, N° 7.

1830.

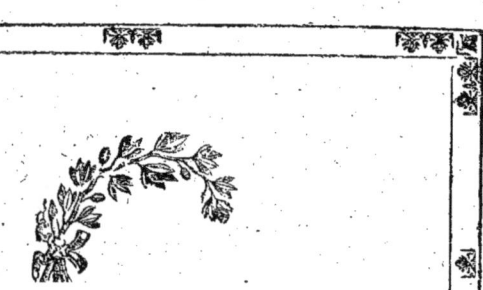

THEATRE PARISIEN.

PIÈCES NOUVELLES.

ADOLPHE ET CLARA,

OU

LES DEUX PRISONNIERS,

OPERA-COMIQUE EN UN ACTE;

Par Marsollier, musique de Dalayrac,

REPRÉSENTÉ, POUR LA PREMIÈRE FOIS, A PARIS, SUR LE THÉATRE ITALIEN, LE 10 FÉVRIER 1799.

PRIX : 50 CENTIMES.

PARIS.

BARBA, LIBRAIRE, PALAIS-ROYAL,
GALERIE DE CHARTRES, DERRIÈRE LE THÉATRE FRANÇAIS.

BEZOU,	QUOY,
RUE MESLAY, 34, et boulevard St.-Martin, 29.	BOULEVART SAINT-MARTIN, n. 18.

1834.

ADOLPHE ET CLARA,

OPÉRA-COMIQUE EN UN ACTE.

Le Théâtre représente un salon du château de Limbourg. A droite est une fenêtre qui est censée donner sur les fossés. Dans le fond, de chaque côté, on aperçoit un escalier qui conduit aux appartemens.

SCÈNE PREMIERE.

M. DE LIMBOURG, GASPARD.

M. DE LIMBOURG, *en redingotte d'uniforme*. Voici donc mon vieux château, jusqu'à ce moment le séjour paisible de l'amitié, le rendez-vous de chasse de mes voisins, l'asile de l'innocence et de la pauvreté, transformé, grâce à la fantaisie d'un ministre, en une forteresse, en une prison d'état; mais les raisons qu'il me donne, le motif honnête qui le fait agir, mon cœur qu'il intéresse, me décident à remplir ses intentions; tu m'aideras aussi, mon cher Gaspard.

GASPARD. Moi, Monsieur!.. et comment ça?

DE LIMBOURG. J'ai besoin de toi, mon vieux camarade (car nous avons servi ensemble), je ne puis rien faire sans ton secours... Ce matin encore tu étais mon garde-chasse; eh bien! en ce moment, de ma pleine autorité, je t'érige, je te constitue, je te nomme... geôlier de la prison dont je suis commandant.

GASPARD. Ce n'est pas pour de bon, au moins; car ni vous, ni moi ne sommes nés pour...

DE LIMBOURG. Non, non; je t'ai dit aussi que c'était un badinage, et dont le but me plaît, parce qu'il est moral, parce qu'il tend à rapprocher deux jeunes époux légers, inconsidérés, honnêtes pourtant, que les plaisirs de la capitale, de mauvais conseils, quelques faux amis ont déjà égarés, et qui auraient fini par les perdre tout-à-fait.

GASPARD. Pour un pareil motif, je me chargerai de tous les personnages qu'on voudra; le nom, l'habit... qu'importe? quand c'est pour faire une bonne action!

DE LIMBOURG. Je te reconnais bien là; mais prends garde, mon ami, tremble que, sous le maintien sévère que tu vas adopter, on ne devine le bon cœur, l'âme sensible de Gaspard.

GASPARD. Je me piéterai.

DE LIMBOURG. Et puis, cette figure honnête... qu'il faudra rendre dure, farouche...

GASPARD. Ah! diantre!.. c'est difficile, ça... Je leur parlerai sans les regarder, parce que si je les voyais tristes, effrayés, j'aurais eu beau vous le promettre d'abord, j'enverrais le rôle à tous les diables, et je leur sauterais au cou... Eh! qu'attend-on de nous pour contribuer à leur raccommodement?

DE LIMBOURG. Tu vas le savoir; écoute la lettre du ministre, je l'ai reçue il y a environ huit jours : depuis ce moment, je me suis occupé de chercher les moyens les plus propres à faire réussir ses projets; voici donc ce qu'il m'écrit :

Berlin, ce...

MON AMI,

« Vous m'avez souvent entendu parler de Clara, ma nièce, charmante petite folle que j'ai mariée, à dix-sept ans, au jeune Adolphe de Rumberg, qui à peine en avait vingt-deux; tous deux s'aimaient, et je me félicitais de mon choix. Une vie trop dissipée, des conseils pernicieux, quelques oppositions dans le caractère, de vrais enfantillages, ont produit entre eux mille petites querelles, qui enfin ont amené une rupture sérieuse, sans qu'aucun pût reprocher à l'autre un tort réel... Ils sont venus séparément me porter leurs plaintes, et me prier de les délivrer de la cause de leurs peines; le mari demandait que je fisse mettre sa femme dans un couvent;

PERSONNAGES.	ACTEURS.
ADOLPHE DE RUMBERG, jeune officier prussien.	M. ELLEVIOU.
CLARA, sa femme...............................	Mme SAINT-AUBIN.
M. DE LIMBOURG................................	M. CHENARD.
GASPARD, garde-chasse, ancien militaire, et maintenant concierge du château de Limbourg.......	M. DOSAINVILLE.
Un Exempt.	
Plusieurs Domestiques déguisés.	

La Scène se passe en Prusse, dans le château de Limbourg, à quelques lieues de Berlin.

****

THÉATRE PARISIEN.

PIÈCES NOUVELLES ET AUTRES.

LE TREMBLEMENT DE TERRE DE LISBONNE, trag. en 5 actes, de Maître André.
JOCRISSE Maître et JOCRISSE Valet, en 1 a. (Cette Pièce manquait depuis 10 ans.)
OTHELLO, tragédie en 5 actes, de Ducis.
ADOLPHE et CLARA, vaud. en 1 act. de Marsollier.
LA FRANCE PITTORESQUE, vaud. de MM. Théaulon et Desmares.
LA SALAMANDRE, v. hist. en 4 actes, par MM. de Livry, Desforges et Leuven.
CARAVAGE, drame en 3 actes, de MM. Charles Desnoyers et Alboize, 2me édit.
LA FILLE A ETABLIR, vaud. en 2 actes, de M. Bayard.
LA FEMME, LE MARI ET L'AMANT, v. en 4 a., de MM. Paul de Kock et Dupeuty.
MARCHESA, drame en 3 actes, de MM. Adolphe Dennery et Alfred.
DIEU et DIABLE, ou la Conversion de Mme Dubary, vaud. de M. Nezelle.
TROIS ANS APRÈS, ou la Sommation respectueuse, drame en 4 actes.
LE FILS ADOPTIF, vaud. de M. Brazier.
LA FAMILLE DE L'APOTHICAIRE, vaud. de MM. Duvert, Duverger et Varin.
SANS TAMBOUR NI TROMPETTE, v. de MM. Brazier, Merle et Carmouche.
LE CONSCRIT, vaud. de MM. Merle, Simonin et Ferdinand.
Mme BAZILLE, v. de MM. Lurine et Sollard.
LA COCARDE TRICOLORE, v. en 3 a., de MM. Coigniard.
L'IDÉE du MARI, vaud. de MM. Adolphe Dennery et Alfred.
TOUT CHEMIN mène à Rome, vaud. de MM. Ch. Desnoyers et Lafitte.
LE MUSICIEN de Valence, vaud. de MM. Simonnin et Gustave.
UN NOVICIAT DIPLOMATIQUE, vaud. en 1 acte, par M. Jacques Arago.
JUDITH et HOLOPHERNE, vaud. en 2 act., de MM. Théaulon et Nezel.
LE MARI, la FEMME et le VOLEUR, v. en 1 a., de MM. Lewen et Desforges.
LES VICTIMES cloîtrées, drame en 3 actes, de Monvel.

Imprimerie de CHASSAIGNON, rue Git-le-Cœur, n. 2.

la femme voulait aussi s'éloigner de son mari, qui la contrariait sans cesse... Aucun des deux ne désirait peut-être au fond de son cœur, ce qu'il demandait avec tant d'instances; j'ai voulu leur donner une leçon. J'ai feint de les excuser l'un et l'autre, espérant que, loin de la ville et des causes de leur désunion, sous les yeux d'un ami sage, éclairé, leur tête pourrait se calmer, et leur cœur se réchauffer encore... Ils partiront à une heure de distance, et arriveront le dix chez vous (c'est aujourd'hui). Je laisse à votre prudence le soin de les guider, de les rendre à la raison et au bonheur. Vous déciderez de leur sort, et vous m'écrirez, dans quelque temps, si je dois conserver de l'espérance, ou s'il faut les abandonner tout-à-fait à leur triste destinée. »

GASPARD. Ils vont être bien étonnés d'avoir fait tant de chemin pour se retrouver ensemble... Je voudrais qu'ils arrivassent...

DE LIMBOURG. Ils ne peuvent tarder. J'ai ordonné à un piqueur de se tenir sur la vieille tour pour m'avertir, en donnant du cor, dès qu'il les apercevrait; mes autres domestiques, instruits de mes intentions, feront les sentinelles, les porte-clefs.

GASPARD. Ah!.. nous en sommes tous.

DE LIMBOURG. Il n'y a pas jusqu'à mes petits canons... qui, Dieu merci, n'ont jamais servi, et qui pourront bien jouer leur rôle...

GASPARD. Oui, en avant... aux deux côtés du pont-levis... fort bien!... Et moi?..

DE LIMBOURG. Toi, tu es l'homme de confiance, le concierge... Tu seras chargé de veiller nos prisonniers, de les observer, de me rendre un compte fidèle de tout ce qui pourra se passer entre eux... Mais il faut aller te préparer, et moi-même, bientôt... Tu trouveras dans mon cabinet plusieurs habits, avec lesquels nous jouyons jadis la comédie...

GASPARD. Et nous allons la jouer encore... et de notre mieux. Ça serait drôle, pourtant, si j'allais bien m'en tirer...

(On entend une fanfare de cors.)

DUO.

GASPARD, *en regardant par la fenêtre.*
Bon... J'aperçois une voiture...

Qui s'avance rapidement.

DE LIMBOURG.
C'est l'un des deux, la chose est sûre;
Est-ce la dame?

GASPARD.
Oh! sûrement;
Car je vois une caisse énorme...

DE LIMBOURG, *regardant.*
C'est sa harpe dans son étui.

GASPARD.
Des cartons de plus d'une forme...

DE LIMBOURG.
Tous les chiffons que l'on porte aujourd'hui.

GASPARD.
Vous verrez, monsieur, qu'elle espère
Nous séduire par sa beauté...

DE LIMBOURG.
Des frais pour nous!... en vérité
C'est avoir trop de bonté.

ENSEMBLE.

Sexe charmant on a beau faire,
Contre vous un ordre porté,
Peut vous ôter la liberté;
Mais jamais le désir de plaire.

DE LIMBOURG.
Peux-tu distinguer son visage?

GASPARD.
Un voile cache ses attraits...

DE LIMBOURG.
Elle descend... joli corsage...

GASPARD.
Nous allons voir ça de plus près;
Mais, bon Dieu!... Mais quel assemblage
Et de livres... et de paquets!...

ENSEMBLE.

Sexe charmant, etc.

GASPARD. On va la faire entrer dans la salle... du conseil; moi je passe les guichets, je me renferme dans mes fonctions, je fais jouer mes verroux, et je parais quand M. le commandant me fera l'honneur de m'appeler.

DE LIMBOURG. On la conduit ici; éloignons-nous un peu, pour observer l'impression que lui fera ce séjour, et juger du ton que je dois prendre avec elle.

SCÈNE II.

CLARA; *un exempt la précède, deux sentinelles sont placées en dehors.*

CLARA, *à l'exempt.* Comment, Monsieur, on me sépare de ma femme de chambre... mais faites-moi donc parler au commandant... En vérité, on n'a jamais traité une femme avec cette cruauté. (*aux sentinelles.*) Si le commandant n'y est pas, qu'on fasse venir le major de la place.

UN SOLDAT. On est allé les avertir.

CLARA. Ce lieu est horrible, et mon aventure incroyable... (*les domestiques sont censés débarrasser sa voiture, on apporte tout, et on le dépose dans la salle.*) Comment, lorsque je sollicite de mon parent, un ordre contre... un tyran. (*aux domestiques.*) Placez là ma harpe. (*se parlant.*) C'est moi qui suis... (*aux domestiques*) Prenez garde... Ma musique... mes romans anglais. (*à elle-même.*) Enfermée!.. à mon âge!.. Que je suis malheureuse! (*en regardant un carton.*) Ah! mon dieu! mes plumes seront toutes abîmées. (*à elle.*) Aussi quelle rage ont les parens de marier une jeune personne... à un étourdi... aimable..... à la bonne heure; mais dont le caractère..... la conduite, les procédés... Eh! que ne s'est-il trouvé là une âme charitable, une bonne amie qui m'ait dit alors... ce qu'à présent je me répète tous les jours!

RONDEAU.

Jeunes filles qu'on marie,
Que votre sort est affreux!
Que de peines dans la vie,
Pour quelques momens heureux!
Ce mari d'abord si tendre,
Toujours soumis, à l'entendre,
Devient bientôt auprès de vous,
Infidèle, ingrat, jaloux :
Car voilà comme il sont tous.
Mon exemple peut l'apprendre;
N'écoutez pas leurs discours,
Et répétez vous toujours...

Jeunes filles, qu'on marie, etc.

Voyez leur orgueil extrême,
Il faut toujours leur céder..
Un époux veut commander,
A l'amour, au plaisir même;
Et puis, l'on nous vantera
Les charmes du mariage :
Non, ce n'est qu'un esclavage;
Qui le connaîtra,
Avec moi dira...

Jeunes filles, qu'on marie, etc.

SCÈNE III.

M. DE LIMBOURG, *en habit d'officier;*
CLARA, L'EXEMPT.

L'EXEMPT, *à Clara*. Voici M. le commandant.

(*Il s'en va.*)

DE LIMBOURG. Soyez la bien-arrivée, Madame; j'avais recommandé qu'on vînt m'avertir dès que vous seriez descendue de voiture; mais les détails de cette maison, le nombre des prisonniers, dont je suis chargé... pardon... Me voici à vos ordres.

CLARA. Il me semble, Monsieur, que c'est moi qui suis aux vôtres; car j'attends...

DE LIMBOURG. C'est fini... je suis à présent tout à vous... Qu'on monte les effets de Madame à la troisième chambre de la seconde tour, au-dessus de la poterne; celle dont la fenêtre donne sur les fossés, n° 107. (*à Clara.*) Elle est assez commode.

CLARA. Mais, Monsieur, ma femme de chambre...

DE LIMBOURG. On en aura grand soin ; l'ordre porte qu'elle sera séparée de vous, et qu'on la renverra de suite à Berlin. Il paraît qu'on a quelques reproches à lui faire, et que l'on craint que ses conseils... Madame est mariée?

CLARA. Hélas! oui, Monsieur.

DE LIMBOURG. Un mari jeune... aimable, sans doute?

CLARA. Un monstre, Monsieur.

DE LIMBOURG. Madame était donc malheureuse?

CLARA. Vous ne pouvez pas vous figurer à quel point...

DE LIMBOURG. Il était infidèle, peut-être?.. C'est difficile à croire en vous voyant... Joueur... dérangé?..

CLARA. Tout, Monsieur, tout ce qu'on peut-être!

DE LIMBOURG. Honnête, pourtant.

CLARA. Oh! oui! oh! pour ça... loyal, brave... Il n'a jamais eu de torts qu'envers sa femme.

DE LIMBOURG. C'est toujours quelque chose, mais il n'en est pas moins impardonnable.

CLARA. N'est-ce pas, Monsieur?

DE LIMBOURG. D'autant plus que, d'après ce que vous me dites, et ce qu'on m'a écrit, tout porte à croire que c'est à sa requête, sur ses pressantes sollicitations que le ministre a délivré l'ordre fatal...

CLARA. Quoi! c'est mon mari qui a.... oui, oui, c'est lui, j'en suis sûre... je le reconnais bien là... je le détestais déjà... mais à présent...

DE LIMBOURG. Il me semble que vous

DE LIMBOURG. Oui, Madame.

CLARA. Quel escalier!.. ah! l'horreur! jamais je ne monterai...

DE LIMBOURG. C'est le seul qui puisse mener à votre appartement.

CLARA. Le seul! allons... (*ironiquement*.) Si tout répond ici à ce que je vois en ce moment... vous pouvez vous vanter, monsieur le commandant, d'avoir là une bien jolie habitation.

SCÈNE IV.

M. DE LIMBOURG, *et après* GASPARD, *en geôlier.*

DE LIMBOURG. Que d'inconséquences! quelle tête!.. oh, je ne m'étonne plus si son mari...

GASPARD *le tirant par la manche* Êtes-vous content?

DE LIMBOURG. Très fort... tu as même passé mon attente, mon ami; il faut te rendre justice. (*souriant.*) Tu es épouvantable.

GASPARD, *riant.* Vous me flattez.... mais, sans vanité, je suis assez effrayant comme ça; je n'ai pas encore pris la voix, je garde ça pour les occasions... je ne veux pas me blaser. Quant au nom...

DE LIMBOURG. Il le faut joli, et assorti au costume. (*il cherche.*) Hac-ting-tir-koff.

GASPARD, *épelant.* Hac... ting... tir... koff; je l'étudierai... L'époux est arrivé... on l'a fait descendre au corps-de-garde... chez le jardinier, et là, il attend... Il est fort beau garçon... c'est un joli couple, et ce serait dommage de les séparer.

DE LIMBOURG. Je vais au-devant de lui, et je l'amènerai ici...

SCÈNE V.

GASPARD, *seul.*

Ah! ah! ah! ça va nous amuser.... Je me réjouis d'avance de voir leur surprise, leur colère. Allons, monsieur Hac.... ting... tir... koff... pensez à votre nouveau personnage, et méritez la confiance qu'on veut bien vous accorder... Cependant, je ne sais pas... mais j'ai beau avoir l'habit, je ne me sens pas les dispositions nécessaires... cet air farouche..... ce ton dur... ce qu'on appelle les grâces de l'état... oh! tout bien considéré... Allons, allons, ne nous décourageons pas, avec un peu de travail, nous parviendrons peut-être à approcher du talent de nos dignes confrères.

COUPLETS.

Prenons d'abord l'air bien méchant,
Qu'à ma voix chacun obéisse?
Rien qu'à me voir, au même instant,
Qu'un prisonnier tremble et pâlisse?
Allons, faisons de notre mieux,
Tout ce que mon maître désire...
Mais je sens qu'on est bien heureux,
De n'être qu'un geôlier pour rire. (*bis.*)

Pour raccommoder deux époux,
Qui, dit-on, vivent mal ensemble,
C'est en prison, sous mes verroux,
Qu'un même ordre ici les rassemble;
Si le remède était certain,
Prenant pour exemple le nôtre,
Une moitié du genre humain
Ferait bientôt enfermer l'autre.

Si l'on parvient à réunir
Ces époux qu'on met sous ma garde,
Tout aussitôt avec plaisir,
Je quitterai la hallebarde;
Je ferais trop mal mon métier;
Car, pressé qu'un malheureux sorte,
Je ne voudrais être geôlier
Que pour ouvrir plutôt la porte.

Voilà le commandant et le prisonnier; il me semble que dans l'ordre des convenances, le geôlier doit attendre qu'on le fasse avertir.

SCÈNE VI.

ADOLPHE, DE LIMBOURG.

ADOLPHE. Oui, Monsieur, j'aime à croire que ce n'est qu'une méprise... une erreur de nom... Et bientôt vous saurez...

DE LIMBOURG. Non, vous êtes bien désigné, Adolphe de Rumberg. Mais, réfléchissez, n'y a-t-il pas quelques motifs secrets?.... des dettes, par exemple?

ADOLPHE. Des dettes... j'en ai fait beaucoup... mais je les ai toutes payées.

DE LIMBOURG. Une affaire d'honneur?..

ADOLPHE. Dix... Dans notre état!... Mais j'ai eu le bonheur de les terminer toutes sans mériter un reproche.

DE LIMBOURG. C'est donc quelques parens de mauvaise humeur?

ADOLPHE. Je viens d'hériter du dernier. Il ne pourrait y avoir qu'un oncle de ma femme... ministre estimé, respectable, et qui aurait pu... Mais c'est impossible. Il faisait grand cas de moi, c'est à lui que je confiais mes chagrins; il me

(6)

ne pouvez guère faire plus pour lui... Je vous plains bien sincèrement; déjà je m'intéresse à vous... On m'avait trompé : on vous avait peinte à moi comme une femme légère, évaporée... et je vois que vous êtes une victime de l'injustice...

CLARA. Oui, Monsieur, une victime... c'est le mot! Ah! quelle indignité! il faut bien prendre son parti pourtant... Et dites-moi, à quoi passe-t-on le temps ici? je crains d'y périr d'ennui...

DE LIMBOURG. Nous ferons tout ce qui nous sera possible pour vous distraire de vos chagrins ; d'abord nous avons la promenade.

CLARA. On se promène?

DE LIMBOURG. Deux fois par jour.

CLARA, *montrant le jardin.* Dans le....

DE LIMBOURG. Dans la cour.

CLARA. Dans la cour!..

DE LIMBOURG. En long et en large... au choix du prisonnier.

CLARA. C'est bien agréable. Et quel autre plaisir encore ?...

DE LIMBOURG. On remonte dans sa chambre : là, on se tranquillise ; on peut lire ou dormir.

CLARA. Comment, on permet tout cela! mais c'est un lieu de délices... Et voilà la vie qu'on mène dans le château dont Monsieur est le commandant?

DE LIMBOURG. Tout le monde n'est pas encore aussi bien traité ; nous avons, pour ceux qui refusent d'obéir,... mais, avec les dames...

CLARA, *avec humeur.* Monsieur, voulez-vous bien me faire conduire dans ma chambre?

DE LIMBOURG, *tirant sa montre.* J'y consens... Vous avez pourtant la permission de causer encore un quart-d'heure avec moi, si cela peut vous être agréable.

CLARA, *ironiquement.* Sûrement... ce serait... mais je craindrais de m'amuser trop dès le premier jour, et je veux ménager mes plaisirs.

DE LIMBOURG. A votre aise... il faut alors que je fasse appeler le porte-clefs, le geôlier, les sentinelles... (*il fait signe à un soldat qui approche.*) Les passages sont-ils bien gardés ? la garnison sous les armes ; le pont-levis, les canons !...

CLARA. Est-ce pour moi qu'on fait tout cela ? Eh! mon dieu! Monsieur, traitez-moi avec moins de cérémonie... et, si c'est pour m'effrayer, je vous assure..... (*avec une politesse ironique.*) que la figure d'un de ces Messieurs suffit bien.

DE LIMBOURG, *au soldat.* Remerciez Madame... et conduisez-la.

(On entend le cor.)

CLARA. Qu'est-ce ceci ?

DE LIMBOURG. C'est un prisonnier que j'attends... et qui arrivera d'ici un quart-d'heure, ce signal me l'annonce.

CLARA. Un prisonnier... j'aurais mieux aimé que ce fût une compagne.

DE LIMBOURG. Je le trouve bien à plaindre, si ce que l'on m'a écrit est vrai.

CLARA. Il est malheureux !... vous m'intéressez en sa faveur... Peut-on savoir son nom ?

DE LIMBOURG. Il vous le dira lui-même ; vous pourrez vous trouver quelquefois avec lui,.. aux heures du repas, par exemple ; vous mangerez à la table du commandant ; si le prisonnier mérite cette grâce, dès ce soir je l'inviterai.

CLARA. Dès ce soir !.. mais... puis-je me montrer ?.. je suis si horriblement fatiguée du voyage !... ma figure doit être...

DE LIMBOURG. Elle est fort bien, je vous assure... d'ailleurs, (*souriant.*) vous n'avez pas ici la prétention...

CLARA. Oh! non, non, je vous le proteste... tous les hommes à présent.... mais... (*gaiment.*) on ne veut pas faire peur... et je pense bien qu'en quittant cette robe, et mettant un autre chapeau...

DE LIMBOURG, *aussi gaîment.* Un autre chapeau.... soit.

CLARA. J'en ai un délicieux ! A quelle heure soupe-t-on ?

DE LIMBOURG. Dans deux heures.

CLARA. Oh ! bon ! j'ai le temps de faire un peu de toilette...

DE LIMBOURG. En deux heures... oui.

CLARA. Mais, qui me servira?

DE LIMBOURG, *appelant.* Sentinelle !

CLARA. Comment, Monsieur !..

DE LIMBOURG, *sérieux.* Avertissez la femme qu'on a retenue pour servir Madame. (*à Clara.*) Vous en serez contente, et croyez que tout ce qui tient aux égards qu'on doit à votre sexe, vous sera accordé avec le plus grand plaisir.

CLARA. Vous êtes un homme charmant; vous prenez part à mes malheurs..... je vole à ma toilette. Je vous salue, monsieur le commandant. (*près de l'escalier.*) Comment! c'est par là ?..

plaignait; il m'avait même promis un ordre pour que ma chère moitié...

DE LIMBOURG. Vous étiez mal avec Madame?

ADOLPHE. On n'a pas d'idée de ça.

DE LIMBOURG. Sa figure n'est peut-être pas?...

ADOLPHE. La plus jolie femme de Berlin... On nous a mariés, je ne sais pourquoi, nous nous aimions pourtant, nous nous adorions même, cela a duré six mois; cela aurait duré toute la vie; mais bientôt je trouvai un caractère...

DE LIMBOURG. Altier... dur?

ADOLPHE. Non, non; c'était un assez joli caractère; mais singulier... bizarre... Et puis une humeur...

DE LIMBOURG. Revêche... acariâtre...

ADOLPHE. Non pas, non pas... mais maligne, pétulante... qui variait à chaque instant, et qui... lorsque je lui parlais raison...

DE LIMBOURG. Ah! vous lui parliez raison!

ADOLPHE, *étonné un peu.* Quelquefois... Vous avez l'air de rire?

DE LIMBOURG. Je n'ai garde; mais je pensais qu'à l'âge que vous aviez tous deux, elle trouvait peut-être extraordinaire que vous lui parlassiez raison, quand elle n'aurait voulu parler que d'amour...

ADOLPHE. Non, Monsieur, elle ne m'aimait pas... elle ne m'écoutait pas... elle me contrariait sans cesse... Occupée, à chaque instant, de bals, de fêtes, de parure, elle me laissait souvent des jours entiers sans que je pusse la rejoindre, elle me grondait si je parlais à une jolie femme; elle me boudait si je la louais devant elle; elle avait l'air d'écouter, avec plaisir, les sots propos des jeunes étourdis qui l'entouraient... Enfin, Monsieur, le croiriez-vous? elle a fini par vouloir un appartement séparé... Oui, Monsieur, séparé; et depuis ce moment là... (*il lui parle à l'oreille.*) Ce que je vous dis est l'exacte vérité...

DE LIMBOURG. Mais voilà des choses affreuses... Dès-lors c'est une femme à ne pas regretter; je vois qu'elle est, à la fois, coquette, méchante, et peut-être encore...

ADOLPHE. Non : oh! non!... Il faut lui rendre justice, jamais rien dans sa conduite...

DE LIMBOURG. A la bonne heure. Mais, malgré cela, c'est une femme avec laquelle vous ne pouvez plus vivre, et c'est toujours un grand avantage pour vous d'en être séparé.

ADOLPHE. Oui, c'est même une espèce de consolation. (*riant.*) Il aurait mieux valu pourtant que ce fût elle qu'on eût amenée ici.

DE LIMBOURG. J'entends bien; mais, consolez-vous... J'écrirai au ministre, et je lui ferai ouvrir les yeux.

ADOLPHE, *avec affection.* Bien obligé!..

DE LIMBOURG. Je ne désespère pas même que votre femme ne vienne prendre ici votre place.

ADOLPHE. Ah! ce serait bien heureux!

DE LIMBOURG. En attendant, vous jouirez d'une honnête liberté; le jardin est grand, les ombrages frais... Un peu de société dans l'intérieur; entre autre une très-jeune, très-douce personne, arrivée aujourd'hui.

ADOLPHE. Une jeune femme, vous dites?... jolie, sans doute!...

DE LIMBOURG. Très-bonne, très sensible.

ADOLPHE. Ah! c'est charmant cela : cette pauvre petite femme!... Un mari jaloux...

DE LIMBOURG. Oui, quelque chose comme cela. Vous pourrez la voir... Elle va descendre.

ADOLPHE. Tout-à-l'heure?... Je serais bien flatté de... de faire sa connaissance.

DE LIMBOURG. Mais j'espère que vous vous conduirez avec elle... et puis, vous êtes si chagrin, si malheureux, si raisonnable...

ADOLPHE. Oh! trop, trop pour mon âge... Elle ne descend pas. (*se remettant.*) Ce n'est pas que je sois pressé...

DE LIMBOURG. Je le vois bien; mais il faut que j'aille vaquer à mes nombreuses occupations, je vous laisse; et si cette dame vient, vous voudrez bien, jusqu'au souper, lui tenir compagnie.

ADOLPHE. De tout mon cœur...

SCÈNE VII.

ADOLPHE.

Une jolie femme! allons, voilà de quoi adoucir ma captivité... Je me sens disposé singulièrement à faire une passion, à filer un roman; oui, je vois devenir tout-à-fait sentimental...

RONDEAU.

Je vais la voir cette femme charmante,
Qui peut calmer tous mes chagrins;
Dont l'amitié douce, tendre, indulgente,
Va rendre encore mes jours sereins.
Il est bien heureux, cependant,
Oui, très heureux, sur ma parole,
Lorsqu'une femme nous désole,
Qu'un Dieu juste et compatissant,
Nous en envoie au même instant
Une bonne qui nous console?
  Oh, c'est touchant,
  Intéressant,
  Quel doux moment....

Je vais la voir cette femme charmante, etc.

Je ferais son portrait, je crois,
Taille leste et très élégante...
L'air noble, et fier, tout à la fois,
Un esprit qui séduit, enchante...
  C'est cela,
  Je le sens là,
  Oui, là...
   (*Montrant son cœur.*)

Je vais la voir cette femme charmante, etc.

J'entends le bruit de sa robe... cela me fait déjà un plaisir... (*il va près de l'escalier.*) Elle a le dos tourné... pas très-grande... non..., mais elle est bien faite... et ce bras qu'elle avance pour donner un ordre... Ce bras est très-blanc... très-rond... vraiment, je suis déjà si touché de ses malheurs, que j'en... mais qu'elle vienne donc, qu'elle vienne donc... La voici...

SCENE VIII.
ADOLPHE, CLARA.

CLARA. Nous allons voir si ce prisonnier... Ah! ciel!...

ADOLPHE. Est-il possible!

CLARA. C'est lui!

ADOLPHE. C'est elle!

CLARA. Comment, Monsieur, c'est vous?...

ADOLPHE. Eh! mon dieu, oui, Madame.

CLARA. Vous êtes venu ici, sans doute, pour jouir de ma douleur, pour insulter à ma peine.

ADOLPHE. J'y viens, parce que j'y suis arrêté, et que...

CLARA, *gaîment.* Arrêté!... Ah! contez-moi donc ça.

ADOLPHE. Par une lettre de cachet.

CLARA. On m'a traitée comme vous. C'est qu'on a pensé que tout devait être commun dans un bon ménage, même les lettres de cachet.

ADOLPHE, *avec humeur.* Mais je voudrais bien savoir à qui j'ai cette obligation!...

CLARA, *sérieusement d'abord.* Ah! je vais vous le dire. C'est à moi, Monsieur,
  (*Elle rit et lui fait la révérence.*)

ADOLPHE. A vous! je vous remercie...

CLARA. Vous êtes bien honnête : pour moi, je n'ai pas besoin de vous demander quelle est l'aimable personne qui a bien voulu...

ADOLPHE. Vous me faites rougir... Eh! mon dieu, oui, c'est moi qui ai bien voulu vous procurer une petite surprise..

CLARA. Vous riez!.... mais savez-vous que c'est un procédé indigne...

ADOLPHE. Vous parlez du vôtre, sans doute?

CLARA. Et que je suis d'une fureur... Je ne plaisante pas, Monsieur, je suis outrée ; et pour vous en donner une preuve, je vous avouerai que le seul adoucissement que je trouvais dans mon malheur, c'était de ne plus...

ADOLPHE. De ne plus être avec moi?

CLARA. Pardonnez si j'en conviens, mais nous ne sommes pas ici pour nous flatter.

ADOLPHE. Ne vous gênez pas. Ce que vous avez pensé, moi, je l'ai dit, tout en arrivant, au commandant... Ah! du moins, me suis-je écrié, je vivrai plus tranquille, je ne la verrai plus.

CLARA. Eh bien! en deux mots, vous lui avez fait là mon éloge.

ADOLPHE. Quand on est éloigné des personnes qu'on aime, c'est une douceur que de s'entretenir d'elles...

CLARA. Je l'ai éprouvé... car je lui ai dit un... un bien de vous...

ADOLPHE. J'étais entre bonnes mains... Si vous sortez d'ici, comptez-vous voir ce petit colonel?

CLARA. Retournerez-vous chez cette femme de la cour?

ADOLPHE. Tout aussitôt que je serai libre.

CLARA. Je le recevrai tous les jours.

ADOLPHE. Mais votre colonel est un imbécille.

CLARA. Mais votre femme de la cour est une impertinente.

ADOLPHE. J'aime beaucoup les impertinentes.

CLARA. Moi, j'adore les imbécilles.

ADOLPHE, *à part.* On ne peut pas vivre avec cette femme-là.

Adolphe et Clara.

CLARA. Il est tout aussi désagréable qu'à Berlin.
ADOLPHE. Et cette femme de chambre que je ne puis souffrir...
CLARA. Un sujet charmant!... je la garde! et votre équipage de chasse... vos vingt chevaux...
ADOLPHE. J'en achèterai quarante.
CLARA, *à part*. Qu'il est maussade.
ADOLPHE, *à part*. Qu'elle est contrariante! laissons-la
CLARA. Sortons!

SCENE IX.

LES PRÉCÉDENS, GASPARD.

GASPARD, *lui barrant le chemin.*) On ne sort pas.
CLARA. Quelle horrible figure! Comment! on ne peut pas monter chez soi?
GASPARD. Ce n'est pas l'heure.
ADOLPHE. Mais monsieur le geôlier, je puis bien...
GASPARD. Je ne répète pas. Vous resterez ici jusqu'à ce que monsieur le commandant...
CLARA, *pleurant de dépit*. Il est bien cruel de ne pouvoir...
ADOLPHE, *à part*. C'est pour m'acheter... (*haut.*) Allons, allons, je parie que vous n'êtes pas si méchant que vous le paraissez.
GASPARD, *à part*. On dirait qu'il me connaît.
ADOLPHE. Et vous me permettrez de retourner...

(*Il tire sa bourse.*)

GASPARD. Incorruptible.
CLARA, *d'un ton caressant*. Je vous prierai... tant, que vous me laisserez...
GASPARD. Inexorable.
ADOLPHE. Il n'y a donc rien à faire avec vous?
GASPARD. Que m'obéir... et me haïr.. si ça peut vous amuser...
ADOLPHE. Je vous remercie de la permission; j'en userai.
CLARA. Ce qu'il y a de bon, c'est que je ne me le suis pas fait dire, moi, dès que j'ai vu Monsieur...
GASPARD. Tant mieux.
ADOLPHE. Monsieur le geôlier?...
GASPARD. Je ne réponds plus.
CLARA. Au moins nous gagnerons ça.
GASPARD. Et je retourne à mon poste.

ADOLPHE. Le voilà qui devient aimable; il s'en va... Le détestable personnage !...

SCENE X.

ADOLPHE, CLARA.

ADOLPHE. Eh bien! c'est agréable, nous voilà forcés de rester..
CLARA. Cela vous contrarie!... (*riant.*) C'est ce qui me console.
ADOLPHE. Quel caractère!
CLARA, *contrefaisant Gaspard, d'une grosse voix*. Je ne réponds plus.
ADOLPHE. Comment peut-on supporter?...
CLARA, *de même*. Et je retourne à mon poste.

(Elle va près de sa harpe, à un des bouts de la chambre.)

ADOLPHE, *de l'autre*. Heureusement, j'ai un livre.
CLARA, *ouvrant les crochets de l'étui.*) Voilà une belle occasion pour devenir savant... vous êtes jeune, et vous avez bien des choses à apprendre.
ADOLPHE. Ce ne sera pas vous...
CLARA. Écoutez donc... si je voulais en prendre la peine... (*riant.*) Ah! bon, j'ai perdu la clé...
ADOLPHE. Quand on a une bonne tête...
CLARA. Ah! ne parlons pas de tête, Monsieur... car, sans compliment, ce n'est pas ici que j'en trouverai une meilleure que la mienne. — Ah! voilà une chanson nouvelle, très-nouvelle. (*à part.*) Il n'a pas l'air d'entendre (*haut.*) qu'une femme bien affligée chantait pour se consoler des chagrins que son mari..(*à part.*) Il me regarde en dessous. (*haut.*) lui avait causés... (*à part.*) Il lève la tête. (*haut*) toute sa vie. (*à part.*) Il a frappé du pied.

CHANSON.

D'un époux chéri, la tendresse,
Rendit long-temps mes jours sereins;
Mais l'ingrat, par mille chagrins,
Aujourd'hui m'afflige et me blesse :
Hommes cruels, sans loyauté,
Ah, que vous nous causez d'alarmes?...
Quand le meilleur, en vérité, (*bis.*)
Ne vaut pas une de nos larmes. (*bis.*)

Il écoute, car il n'a pas tourné le feuillet; continuons.

La douceur et la patience,
Un cœur sensible et généreux,
Sont les dons que reçut des dieux,
Un sexe faible, sans défense ;
A vous, Messieurs, assurément,
La raison échut en partage...
C'est, sans doute, un bien beau présent,
Si vous vouliez en faire usage.

ADOLPHE, *blessé, sans lever les yeux de dessus son livre.* Vous verrez qu'il n'y a pas un mari..

CLARA. Pas un !... Je n'excepte personne:

ADOLPHE. C'est honnête.

CLARA. Et vrai.

ADOLPHE. Lisons.

CLARA. Chantons. (*d'un air sérieux.*) Ah ! mon dieu ! est-ce que je l'aurais offensé ?... réparons ma faute.

On pardonne à l'amour, à l'âge,
Et la malice et la gaîté ;
Mais il faut plus de gravité,
Dans les saints nœuds du mariage.
Le cœur contrit et repentant,
Je veux vous obéir, vous plaire...

(Elle s'approche. Adolphe tourne un peu la tête de son côté.)

Ordonnez donc, et dans l'instant,

(Changeant de ton.)

Je fais, Monsieur, tout le contraire.

ADOLPHE. à part. C'est trop fort.... (haut.) Madame... non. (à lui-même.) Ne lui donnons pas la satisfaction de voir combien elle m'a piqué.

CLARA. J'ai cru que vous m'aviez appelée.

ADOLPHE. Non, Madame... je lis.... Mais je remarquais seulement que vous aviez cessé de chanter...

CLARA, *souriant, et comme flattée.* Et cela vous faisait...

ADOLPHE. Oui, cela me faisait espérer... que je pourrais continuer plus tranquillement ma lecture.

(Il tourne les feuillets sans lire, mais avec affectation.)

CLARA. C'est très-galant.

ADOLPHE. C'est... c'est... Mais enfin, Madame, je voudrais bien savoir comment vous vous y êtes prise pour obtenir l'ordre qui m'a...

CLARA. Je voudrais bien, à mon tour, Monsieur, connaître le moyen dont vous vous êtes servi...

ADOLPHE. Un... très-simple ; j'ai été trouver mon oncle...

CLARA. C'est à lui que je me suis adressée...

ADOLPHE. Nous sommes si loin, qu'il faut crier...

CLARA. Eh bien !... approchez-vous.

ADOLPHE. Vous avez raison... Vous disiez donc...

CLARA. Ah !... vous avez repris vos cheveux ?...

ADOLPHE. Oui ; trouvez-vous que cela m'aille ?...

CLARA. Beaucoup mieux.

ADOLPHE. Ce chapeau vous sied aussi à ravir...

CLARA. Vraiment !... Vous avez donc été chez mon oncle ? Et vous lui avez dit ?...

ADOLPHE. Un mal horrible de vous...

CLARA. Que vous ne pensiez pas ?

ADOLPHE. Pardonnez moi, je ne mens jamais... Et vous, que lui avez-vous dit sur mon compte ?

CLARA. Que vous étiez un homme détestable... qui faisiez le malheur de ma vie.

ADOLPHE. Vous exagériez.

CLARA. Au contraire, je suis aussi franche que vous, comme vous voyez ; j'ai même été jusqu'à l'assurer (j'étais furieuse ce jour-là) que je ressentais pour vous une haine...

ADOLPHE. Haine !... c'est fort !... Moi, je n'ai parlé que d'antipathie.

CLARA. Et cela n'a pas changé ?

ADOLPHE. Voilà ce qu'il y a de bon.

CLARA. Adieu, Monsieur.

ADOLPHE. Adieu, Madame... Avec tout cela, nous voilà condamnés à nous voir tous les jours !...

CLARA. Hélas ! oui...

ADOLPHE. Et cela peut durer...

CLARA. Toute la vie.

ADOLPHE. Ainsi, quand nous irions nous quereller.

CLARA. Cela ne servirait qu'à rendre notre sort plus triste.

ADOLPHE. Je le sens bien... Nous pourrons... vivre... politiquement.

CLARA. Oui, politiquement.

ADOLPHE. Nous nous verrons...

CLARA. Rarement... aux momens des repas.

ADOLPHE. A la promenade.

CLARA. Encore !... mais rien de plus... Bonjour... bonsoir.

ADOLPHE. Sans doute... Seulement si vous étiez indisposée...

CLARA. Ah! oui, s'il vous arrivait quelque chose de fâcheux...
ADOLPHE. Alors...
CLARA. Alors...
ADOLPHE. On se rapproche...
CLARA. On ne se quitte pas...
ADOLPHE. On se raconte ses maux.
CLARA. On les adoucit... Mais... voilà tout, et on en reste là...
ADOLPHE. Oui, on en reste là... C'est dommage pourtant.. Au fait, on est libre, et on ne peut pas forcer les gens à vous aimer malgré eux.
CLARA. C'est convenu. Ainsi, Monsieur...
ADOLPHE. Ainsi, Madame.

DUO.

ADOLPHE.
Jamais d'amour.
CLARA.
Jamais d'amour.
ADOLPHE.
Je l'ai juré.
CLARA.
Je le jure à mon tour.
TOUS DEUX.
Jamais, jamais d'amour.
ADOLPHE.
Des égards, de la complaisance.
CLARA.
Des égards, de la complaisance.
ADOLPHE.
Quelquefois de la confiance.
CLARA.
Quelquefois de la confiance.
ADOLPHE.
Que l'on doit payer de retour...
CLARA.
Que l'on doit payer de retour...
TOUS DEUX.
Je signe le traité, je le signe d'avance.
ADOLPHE.
Un baiser.
CLARA.
Hein, Monsieur.
ADOLPHE.
Sur la main seulement!
C'est preuve... de respect.
CLARA.
Ou bien d'indifférence.
ADOLPHE.
De respect... d'amitié.
CLARA, *retirant sa main.*
Doucement, doucement;
Dans nos projets plus de persévérance.
Jamais d'amour.

ADOLPHE.
J'amais d'amour.
CLARA.
Vous l'avez dit, je le dis à mon tour.
ADOLPHE.
Et quoi! jamais d'amour!

Ensemble.
Mon cœur est agité,
Quel moment, que de charmes;
Sans une juste fierté,
D'honneur, je serai tenté,
De lui rendre les armes.

CLARA.
Son cœur est agité,
Quel moment, que de charmes!
Sans une juste fierté,
D'honneur, on serait tenté,
De lui rendre les armes.

ADOLPHE.
J'ai vraiment du plaisir de causer avec toi.
CLARA.
Me tutoyer...
ADOLPHE.
C'est l'ancienne habitude.
CLARA.
Je te pardonne...
ADOLPHE.
Eh! mais...
Me tutoyer..
CLARA.
C'est l'ancienne habitude.
TOUS DEUX.
Mais calme-toi, je te promets
De ne te.. de ne vous.. de ne t.. t.. tutoyer jamais.
Ce cera mon unique étude,
Calme-toi, je te le promets.
ADOLPHE.
Quoi, plus d'amour!
CLARA.
C'est toi.
(A part.)
Son cœur est agité.

ADOLPHE.
Mon cœur est agité,
Que d'attraits, que de charmes!
Ah! faisons taire la fierté,
Que l'amour seul soit écouté,
Et rendons lui les armes.
CLARA.
Son cœur est agité,
Que ce jour a de charmes !
L'amour seul doit être écouté,
Oui, sans une juste fierté,
Je le sens bien, je lui rendrais les armes.

ADOLPHE. Ecoutez, ma chère Clara, expliquons-nous ; désormais...

SCÈNE XI.

LES PRÉCÉDENS, DE LIMBOURG,
de loin.

DE LIMBOURG, *entrant au moment où Adolphe a le bras passé autour de Clara.* Je viens vous chercher... Ah! pour des gens qui ne se sont jamais vus, vous paraissez en bonne intelligence.
CLARA. Monsieur, apprenez la plus singulière aventure... C'est mon mari!...
ADOLPHE. C'est ma femme!...
DE LIMBOURG. Cessez de grâce cette plaisanterie, très-déplacée dans une maison où la décence...
CLARA. Mais c'est très-vrai, Monsieur.
DE LIMBOURG. Vous insistez, Madame... En vérité, je n'aurais pas cru qu'une personne que j'estime, que je considère... Souvenez-vous de ce que vous m'avez dit tantôt de votre mari... et comment voulez-vous, au portrait que vous m'en avez fait, que je le reconnaisse dans ce jeune homme doux, aimable, honnête?... Et vous, Monsieur, la manière dont vous m'avez dépeint votre femme, peut-elle se concilier?...
CLARA. Il est pourtant certain que c'est lui...
ADOLPHE. Je vous jure que c'est elle...
DE LIMBOURG. Je vois ce que c'est : Vous vous êtes trouvés aimables, et vous avez imaginé que je serais assez crédule... Non, Monsieur; non, Madame... non, non, je n'entends pas cela... et je ne souffrirai jamais que dans une maison respectable...
ADOLPHE. Mais écoutez...
DE LIMBOURG. Je n'écoute rien...
CLARA. Sachez...
DE LIMBOURG. Je sais tout...
CLARA, *bas.* Ah! comme il est entêté!
ADOLPHE, *à part.* Il radote... laissons-le dire.

QUATUOR.

DE LIMBOURG.
Jeunesse aveugle et souvent téméraire,
Retenez bien cet avis important :
On vit toujours vertu, décence austère,
Dans le château dont je suis commandant.

ADOLPHE ET CLARA.
Ne craignez rien, monsieur le commandant,
On retiendra cet avis important.

DE LIMBOURG.
Ici, c'est la règle ordinaire.
On se parle, mais sans mystère.

ADOLPHE ET CLARA.
Oui, l'on se parle... (*bas.*) avec mystère.

DE LIMBOURG.
Le matin on se dit bonjour.

LES ÉPOUX.
Le matin on se dit bonjour.

DE LIMBOURG.
Et le soir...

LES ÉPOUX.
Le soir...

DE LIMBOURG.
Sans lumière!...

CLARA.
Sans lumière!...

DE LIMBOURG.
On vous en enferme à double tour.

ADOLPHE.
Ensemble?

DE LIMBOURG.
Non, chacun dans une tour.

TOUS DEUX.
Dans une tour!

DE LIMBOURG.
Jeunesse aveugle, etc.

(ADOLPHE ET CLARA *se donnent la main par derrière; Adolphe baise celle de Clara. Ils se la serrent. Le commandant les observe, sans le faire apercevoir.*)

Nous profitons de l'avis important
Que donne ici monsieur le commandant.

ADOLPHE ET CLARA.
Dissimulons avec finesse,
Cachons-lui { combien il } m'intéresse.
           { qu'elle   }
Ménageons-nous avec adresse,
Quelque moyen pour nous revoir.

DE LIMBOURG.
Bon, bon! je vois tout, c'est charmant.
Est-ce dépit, est-ce tendresse?
Dissimulons avec finesse;
Combattons encor leur espoir,
Pour augmenter, par cette adresse,
Le plaisir qu'ils ont de se voir.

DE LIMBOURG.
Je vous l'ai dit, toujours décence austère
Dans le château dont je suis le commandant.

ADOLPHE ET CLARA *se disent :*
Vous entendez, toujours décence austère,
Dans le château dont il est commandant.

(DE LIMBOURG, *les suivant des yeux, et voyant qu'Adolphe veut embrasser Clara, il les prend sur le fait, et s'écrie :*)
Que vois-je!... ô ciel! et qu'elle audace!

ADOLPHE.
Eh! vous voyez que son époux l'embrasse.

DE LIMBOURG.
Oser commettre un délit aussi grand,
Dans le château dont je suis commandant.

entrer; elle me fait signe; elle est toute tremblante...

DE LIMBOURG, *bas*. Je me retire. (*haut, d'une voix terrible.*) Vous m'entendez, Hac-ting-tir-koff; pas la moindre communication entre les deux prisonniers, pas la moindre communication.

SCÈNE XIV.

GASPARD, CLARA.

CLARA, *qui l'a entendu*. Le barbare. (*à Gaspard.*) J'ai trouvé le moyen de m'échapper de ma chambre.

GASPARD, *à part*. Je le crois bien; on avait laissé la porte ouverte tout exprès.

CLARA. Monsieur le geôlier, de grâce, ne me refusez pas; voici une bague...

GASPARD. Une bague...

CLARA. C'est une bien légère marque de ma reconnaissance... Écoutez-moi, mon cher ami, vous pouvez me rendre un service essentiel... Ce jeune homme, il est bien à plaindre, et je vous assure qu'il mérite qu'on s'intéresse à lui... Il faut absolument... je vous en aurai la plus grande obligation, si vous vouliez lui remettre une lettre.

GASPARD. Une lettre!... une lettre!...

CLARA. Un petit billet tout ouvert.

GAPARD. Dès que ce n'est qu'un petit billet... tout ouvert... Mais si pourtant cela allait me compromettre.

CLARA. On ne saura jamais... prenez donc... prenez.

(*Elle lui présente la bague et la lettre.*)

GASPARD, *tenant les deux objets*. Non.. tout bien considéré, je ne garde que la...

(*Il regarde la bague.*)

CLARA, *à part*. O ciel!..... il me refuse!

GASPARD, *s'amusant*. Que la lettre... et je vous rends la bague.

CLARA. Quoi! vous ne voulez!...

GASPARD. Que vous rendre service, et c'est là de qui... (*à part, riant.*) Je crois que j'oublie le rôle; je reviens Gaspard sans m'en apercevoir, remettons-nous. (*haut.*) Allons, je veux bien porter le billet, parce que je crois bien qu'il ne renferme rien contre la sûreté de l'État. Allez donc, il sera remis.

CLARA. Ah! Monsieur le geôlier...

croyez qu'un jour... Je ne puis pas le voir... n'est-ce pas?

GASPARD. Impossible! remontez.

CLARA. Oui, Monsieur, oui, Monsieur.

(*Elle va derrière lui, vers la tourelle où est son mari.*)

GASPARD. Où allez-vous donc?

CLARA. Chez... chez moi, Monsieur.

GASPARD. De ce côté?

CLARA. J'allais chez celui que j'ai repoussé tant de fois... et que je voudrais revoir aujourd'hui... dût-il m'en coûter la vie.

GASPARD. Bah! bah!

CLARA. Vous ne me croyez pas? mais voyez mon trouble, mes pleurs.

GASPARD. Tout ça, tout ça... Partez.

CLARA. De grâce, n'oubliez pas ma petite lettre.

GASPARD. Ah! quand j'ai promis...

CLARA. Ne vous fâchez pas, mon bon petit Monsieur le geôlier, ne vous fâchez pas; mais tout de suite, je vous en conjure. (*à part.*) Il aura ma lettre; je suis plus tranquille.

SCÈNE XV.

GASPARD.

Comme elle est gentille! Voici l'autre dans l'escalier... Comme il descend vite! il saute les marches quatre à quatre.

SCÈNE XVI.

GASPARD, ADOLPHE.

ADOLPHE, *à part*. Il est seul!... bon... (*à Gaspard.*) Mon ami!... je ne puis pas rester là-haut d'abord; sa fenêtre est du côté opposé à la mienne; je viens de monter sur le toit, pour tâcher seulement de l'apercevoir... Impossible... dans la même tour du moins... c'est tout ce que je vous demande.

GASPARD, *pendant qu'Adolphe va regarder par la fenêtre, du côté où est celle de Clara*. Le pauvre jeune homme!... monter sur le toit, risquer de se casser le cou... pour apercevoir seulement sa femme... tandis qu'à Berlin... dans la même maison... il n'avait qu'à... Ah! mon Dieu!

ADOLPHE, *à part*. Je ne la vois pas.

SCÈNE XII.

LES PRÉCÉDENS, GASPARD, *paraît avec sa hallebarde.*

DE LIMBOURG, *à Gaspard.*
Holà ! qu'on les sépare.
(A Clara.)
Et vous, qu'on m'obéisse.

LES ÉPOUX.
Quelle injustice !
Ah, quel supplice !
Vouloir séparer deux époux.

DE LIMBOURG, *à Clara.*
Votre conduite enfin m'éclaire,
En voyant les regards si doux...
Vous me trompiez, la chose est claire;
Vous êtes deux amans, et non pas deux époux.

ADOLPHE ET CLARA *s'écrient* :
Qu'elle injustice !
Ah ! quel supplice !

DE LIMBOURG.
Sortez... rentrez chacun chez vous...

ADOLPHE.
Oui, Clara, je te reverrai.
CLARA.
Adolphe, moi, je t'écrirai.
ADOLPHE.
Adieu, Clara, ma chère amie !
CLARA.
Adolphe, Adolphe, pense à moi.
ENSEMBLE.
Toujours à toi !
Et pour la vie !...
Adieu ! adieu ! pense à moi !
DE LIMBOURG.
Il l'aime, il l'aime, sur ma foi,
Et Clara, Clara, s'est trahie ;
Et tout va fort bien, je le voi.
Partez : (*haut*) telle est ma loi.
GASPARD.
Ils s'aiment, sur ma foi.
Tout va bien, je le voi.

ADOLPHE, *furieux.*
Et toi, dont l'ordre ici m'arrête ; (*bis*)
Qu'on se garde de l'offenser;
Tu m'en répondra sur ta tête.

DE LIMBOURG.
Quoi ! vous osez me menacer ?
(A part.)
Si j'osais, j'irais l'embrasser.

CLARA.
Adolphe, crains de l'offenser.

GASPARD, *bas.*
Obéissez sans balancer...

DE LIMBOURG, *à part.*
Si j'osais, j'irais l'embrasser...
(Haut.)
Séparez-les, qu'on m'obéisse !

Ensemble.

ADOLPHE ET CLARA.
(Gaspard se place entre eux deux, et se laisse tromper.)
Ah, quel supplice,
Qu'elle injustice.

ENSEMBLE.
ADOLPHE.
Adieu, Clara, ma chère amie.
CLARA.
Adolphe, Adolphe, pense à moi.
DE LIMBOURG ET GASPARD.
Ils s'aiment, sur ma foi.
(On emmène Adolphe et Clara ; il se disent adieu de loin, et s'envoient des baisers.)

SCÈNE XIII.

GASPARD, DE LIMBOURG.

DE LIMBOURG. Eh bien ! Gaspard ?
GASPARD. Eh bien ! Monsieur ?...
DE LIMBOURG. Tu les as entendus ?
GASPARD. Et avec grand plaisir.
DE LIMBOURG. Voilà bien le cœur humain ! il suffit qu'on veuille les séparer, pour qu'ils meurent d'envie d'être ensemble.
GASPARD. Oui ; mais ce sentiment sera-t-il durable ? N'est-ce pas l'effet de la contrariété ?
DE LIMBOURG. C'est ce qu'il est important de savoir... Je leur prépare une épreuve qui doit me convaincre si c'est une sensibilité réelle, une véritable tendresse qui les inspire en ce moment...
GASPARD. Ça y ressemble bien, toujours.
DE LIMBOURG. Je le pense aussi, mon cher Gaspard ; je les ai pénétrés ; ils sont bons, sensibles. La tête a eu tort, j'attaquerai le cœur, et je verrai s'il saura m'entendre. Je présume que bientôt Clara tentera de te parler.
GASPARD. De me séduire, peut-être ?
DE LIMBOURG. Je te permets de te laisser séduire, mais peu à peu, sans que cela nuise au projet.
GASPARD. Sans doute, Adolphe, de son côté, ne manquera pas de vouloir me corrompre.
DE LIMBOURG. Eh bien ! tu te laisseras corrompre par Adolphe, mais en observant de ne les réunir que lorsque je...
GASPARD. J'entends. (*bas.*) La voilà ! la voilà près de la porte ; elle n'ose pas

(*haut.*) Eh bien ! répondez donc... pouvez-vous...

GASPARD. Patience !... avant de vous donner une autre chambre, que diriez-vous... (*il regarde de tous côtés.*) si j'avais là... Prenons garde... un petit billet...

ADOLHE. D'elle !... ah ! mon ami ! mon sauveur... donne... donne...

GASPARD. Doucement ; je serais perdu si monsieur le commandant...

ADOLPHE. Ne crains rien. (*il prend la lettre, et lit.*) « Cher Adolphe, j'ai été
» singulièrement sensible à l'intérêt que
» vous venez de me témoigner...
— C'était si naturel...
» Il m'a fait sentir plus vivement mes
» torts envers vous... J'ose espérer qu'un
» jour je pourrais les réparer...
— Cette pauvre petite !...
» Je pourrai les réparer... Je crains
» bien de n'en avoir de long-temps l'oc-
» casion...
— Je le crains bien aussi !...
» Croyez que ma tête seule...
Eh ! c'est la mienne ! c'est la mienne !...
» a été coupable, et que mon cœur... »
— Le mien est gonflé... J'étouffe ! je ne puis plus lire... il m'est impossible d'achever. (*il baise la lettre et la met dans son sein.*) Je la relirai cent fois, quand je serai là-haut : Mon ami, ce que vous avez déjà fait pour moi m'autorise... Mon ami, je vais devenir fou, furieux ; capable de tout... Il faut la sauver de cette prison, me réunir à elle... Cent mille francs, si vous m'aidez dans ce projet.

GASPARD. Cent mille francs !... Ah !...

ADOLPHE. Deux cents ! si vous voulez, et je signe.

GASPARD. Mais mon devoir... la punition... si on découvre...

ADOLPHE. Vous viendrez avec nous ; vous ne nous quitterez jamais.

GASPARD. Ma conscience... car enfin, c'est une femme mariée.

ADOLPHE. A moi !

GASPARD, *continuant, sans l'écouter en apparence.* Son mari, je l'avoue, est un jeune insensé... qui s'est conduit assez mal... Mais...

ADOLPHE. Et c'est moi ! moi... moi, qui la rendais malheureuse, et qui veux désormais consacrer mes jours à son bonheur.

GASPARD. C'est votre femme ! est-ce bien sûr ?

ADOLPHE. J'en atteste le ciel... Promettez-moi donc... vous êtes ému !...

GASPARD, *feignant d'être touché, et s'amusant.* Non, non, Monsieur...

ADOLPHE. Vous vous attendrissez !...

GASPARD, *se retournant pour rire.* Ça... ça n'est pas vrai.

ADOLPHE. Vous versez des larmes.....

GASPARD, *à part, et riant.* Je ne croyais pas si bien faire.

ADOLPHE. Eh bien !..

GASPARD. Eh bien ! il faut en convenir, je ne puis vous résister, et je risquerai tout pour vous suivre.

ADOLPHE, *l'embrassant* Ah ! mon cher ami !..

GASPARD. Ecoutez-moi... mais voyons avant...

ADOLPHE. *Il regarde de tous côtés.* Oui, voyons... personne.

GASPARD. Il n'y a donc d'autre moyen pour vous sauver, que cette fenêtre qui donne sur les fossés, et qui est à peu près à vingt pieds du sol.

ADOLPHE. Je les sauterai.

GASPARD. Oui ; mais ni elle, ni moi, nous ne les sauterons pas.

ADOLPHE. C'est vrai ! comment donc faire ?

GASPARD. Il faut une longue échelle. j'en ai une là... nous descendrons, et nous arriverons au parapet.

ADOLPHE. Nous voilà au parapet !

GASPARD. Nous ne sommes pas encore au parapet, mais nous y serons... nous trouverons une petite porte secrète..... j'en ai la clef...

ADOLPHE. Nous ouvrons la porte secrète.

GASPASD. Il y a là trois sentinelles.

ADOLPHE. Nous les tuons.

GASPARD. Non, non... nous ne les tuons pas...

ADOLPHE. Eh bien ! nous ne les tuons pas...

GASPARD. Mais nous les payons bien.

ADOLPHE. Tout ce qu'ils demanderont.

GASPARD. Je vous mène chez mon fils ; des chevaux sont préparés, un pour vous deux, l'autre pour moi, et nous voilà...

ADOLPHE. En Espagne.

GASPARD. En Espagne !.. Alors, nous s'mmes en sûreté Ne perdons pas un instant.. La nuit commence à être noire, tous les prisonniers doivent être retirés.

ADOLPHE. Et Clara.

GASPARD. Je vais la chercher... restez là...

ENSEMBLE.

ADOLPHE.
Oui, mon ami ; je reste là.

GASPARD.
Point de bruit, le plus grand silence.

ADOLPHE.
Point de bruit, le plus grand silence.

GASPARD.
N'allez pas faire d'imprudence.

ADOLPHE.
Comment peux-tu craindre cela ?
L'amour répond de ma prudence.

GASPARD.
L'amour... Eh, restez toujours là.

ADOLPHE.
Je reste là.
Comme mon cœur bat et palpite,
En ce moment cruel et doux.
O nuit, protège notre fuite ;
Amour, daigne veiller sur nous.

GASPARD.
Vous êtes là... bon, point de bruit ;
A l'instant même elle me suit.

SCÈNE XVII.

ADOLPHE, GASPARD, CLARA, *coiffée comme quelqu'un qui allait se coucher, et qui avait commencé à faire sa toilette de nuit ; une petite cassette sous le bras, et un bougeoir à la main.*

CLARA, *s'arrêtant à l'entrée de la salle.*
Comme mon cœur bat et palpite.
En ce moment cruel et doux.

ADOLPHE *va à elle, la rassure et chante*
Comme mon cœur bat et palpite.
(Elle tombe dans les bras d'Adolphe.)

GASPARD.
Allons, il faut porter l'échelle ;
Elle est là...

ADOLPHE, *jetant sa redingote et restant en veste.*
Je vais la placer.

CLARA.
Prends bien garde de te blesser.

GASPARD.
Je ferai sentinelle.
(Adolphe revient, portant une longue échelle.)

ADOLPHE.
Ne craignez rien.

GASPARD.
Eh bien. va-t-elle ?

ADOLPHE.
Très bien.

GASPARD.
C'est qu'en bas le fossé....
A dix pieds d'eau....

ADOLPHE.
Que nous importe ?

GASPARD.
Et si l'on était renversé...

ADOLPHE.
Dans mes bras, c'est moi qui la porte.

GASPARD.
On aurait tout le corps brisé.
(Voyant la cassette que tient Clara.)
Qu'est-ce ceci ?

CLARA.
Des diamans pour vivre
En pays étranger où vous allez nous suivre.

GASPARD.
Et les cartons ?

CLARA.
Plus jamais, plus jamais,
Mon amour, mes vertus, pareront seuls mes traits.

GASPARD, *à part.*
Oh ! pour le coup, elle est guérie.

ADOLPHE.
hA je l'adore, et pour la vie.
(A Clara, en lui offrant sa redingote qui est sur un fauteuil.)
Mets cet habit, car il fait froid.

CLARA.
Froid... près de toi !
(Montrant Gaspard.)
Au plus âgé... c'est lui qui doit...
(Elle met la redingotte sur le corps de Gaspard, qui se laisse faire avec attendrissement.)
Attendez, que je la boutonne.

GASPARD.
Soins touchans...

ADOLPHE.
Ah, comme elle est bonne....

CLARA, *se méprenant sur ce qu'éprouve Gaspard.*
J'avais raison... Comme il frissonne.
Partons à présent.

ADOLPHE *descend le premier.*
M'y voici.
A toi... la main... bon... le pied par ici.
(Il lui pose un pied sur le premier échelon, et là, tous reprennent le premier motif.)

ENSEMBLE.

(Adolphe est sur l'échelle, Clara prête à y monter, et Gaspard en avant.)

DE LIMBOURG, *enchanté*. Que je suis ému !... (*haut.*) Comment ! vous aimez mieux rester ensemble dans une prison...

ADOLPHE. Ce sera désormais le temple du bonheur. Nous ne vivrons plus que pour nous...

CLARA. Nous dirons adieu au monde, à ses vains plaisirs.

ADOLPHE. L'amour... l'amitié... car, vous nous aimerez, j'en suis sûr...(*montrant Gaspard.*) la reconnaissance... (vous nous accorderez la grâce de ce brave garçon.) vont à jamais embellir cet asile : félicitez-nous, ce n'est que de ce moment que nous sommes heureux.

DE LIMBOURG, *avec tendresse*. Eh ! trop cruels... trop aimables enfans ! Comment ! ce n'est que dans cette triste retraite que vous vous apercevez combien vous étiez nécessaires au bonheur l'un de l'autre ; tandis que, dans la capitale, libres de vous aimer, de vous le dire, vous empoisonniez mutuellement vos jours par des querelles.

CLARA. Oh ! nous n'en aurons plus, soyez-en sûr.

(*Elle embrasse Adolphe.*)

DE LIMBOURG, *avec bonté*. Je le crois, je le crois ; d'après cela, je ne vois nul inconvenient que vous ne retourniez à à Berlin.

ADOLPHE, *étonné*. Comment !

CLARA. Expliquez-vous !

DE LIMBOURG. Eh ! oui, vous êtes libres tous deux ; vous l'avez toujours été ; ce n'est qu'une leçon que la plus tendre amitié a voulu vous donner, et dont vous saurez profiter. Cette forteresse n'est que le vieux château de Limbourg, de l'ancien ami de votre oncle ; ce terrible geôlier... le brave Gaspard... mon garde-chasse, les sentinelles, mes domestiques...

ADOLPHE. Ah ! mon amie ! quelle obligation nous avons à ce brave officier !

CLARA. Sans doute !... ah ! mon oncle, quel tour !... revenus à Berlin, nous l'en remercierons, nous fuirons les perfides conseils...

ADOLPHE. Ces sociétés dangereuses.

CLARA. Surtout, mon ami, n'oublions jamais le château de Limbourg.

DE LIMBOURG. Si vous croyez me devoir quelque reconnaissance, revenez tous les ans, à pareil jour, fêter avec moi la délivrance de nos deux aimables prisonniers.

CHŒUR

Que l'amour et que la gaîté

Règnent dans { notre / votre } heureux ménage,

E { vous aurez / nous aurons } bien profité,

De la leçon du voyage.

FIN.

Ensemble.
{
ADOLPHE ET CLARA.
Comme mon cœur bat et palpite.
En ce moment cruel et doux,
O nuit, protège notre fuite.

GASPARD.
Mon cœur aussi bat et palpite ;
Mais vraiment ce n'est pas de peur.
O nuit, que l'instant de leur fuite,
Soit le signal de leur bonheur.
}

(On entend un coup de canon.)

GASPARD, *feignant.* O ciel! tout est découvert! l'alarme est donné, les sentinelles averties; nous sommes perdus, et que vais-je devenir!..

(Le tambour bat la générale.)

CLARA. Mon ami, nous dirons que c'est nous...

SCENE XVIII.

LES PRÉCÉDENS, M. DE LIMBOURG, GARDES, DOMESTIQUES *avec des flambeaux.*

DE LIMBOURG. Qu'on arrête le perfide geôlier, et qu'à l'instant il soit mis aux fers...

GASPARD, *feignant.* Grâce, monsieur le commandant.

CLARA, *retenant Gaspard*, C'est nous seuls... arrêtez, où nous irons avec lui.

GASPARD, *à part.* Comme elle a bon cœur!

DE LIMBOURG. Ecoutez-moi : un courrier qui vient d'arriver à l'instant, m'apprend qu'en effet vous êtes mariés.

CLARA. Ah! vous voyez, Monsieur.

DE LIMBOURG. Il m'annonce aussi le motif pour lequel on vous a réunis ici... Votre oncle, persuadé que vous avez tous les deux torts...

CLARA. J'en ai eu, cela est vrai.

ADOLPHE. Et les miens donc? les miens?..

DE LIMBOURG. A d'abord voulu vous en faire repentir; mais bientôt l'amitié l'emportant sur sa colère, et voulant adoucir l'ordre cruel qui vous retient prisonnier, il s'est décidé à ne punir que l'un de vous deux...

ADOLPHE. C'est moi.

CLARA. Attendez, laissez finir Monsieur.

DE LIMBOURG. Bien convaincu, de plus, que quelque chose qu'il arrive, vous ne pouvez plus être heureux ensemble.

CLARA. Ah! par exemple... cela.

ADOLPHE. Attendez, laissez finir Monsieur.

DE LIMBOURG, Il m'envoie un acte de séparation... et le premier qui prouvera sa docilité, en le signant, sera libre sur-le-champ...

ADOLPHE. Une séparation!.. jamais!.. rien au monde ne m'y fera consentir.

CLARA. Ni moi... jamais.

ADOLPHE. Cependant, s'il n'y a que ce seul moyen pour rendre à la société, à sa famille, au bonheur une femme jeune et sensible ; si par-là je l'arrache à une existence affreuse, à un séjour horrible.. qui peut-être lui coûterait la vie... alors, je consens à tout, je veux bien qu'elle signe... je l'ordonne même ; mais que sur-le-champ elle soit mise en liberté.

CLARA. Non, Monsieur, non Monsieur.. je ne signerai point... je ne signerai point... et vous devez bien penser, mon ami, que si je refuse ce n'est pas pour vous désobéir... mais soyez raisonnable, Adolphe... à votre âge... dans la carrière militaire, pouvant vous distinguer, mériter l'estime de vos supérieurs, de tout ce qui vous entoure... Pourrais-je vous voir consentir à perdre ici votre jeunesse et votre réputation? Non, signez et partez... pensez seulement quelquefois à votre Clara qui, dans sa retraite, apprendra, comptera vos succès, et se dira, pour se consoler, que vous êtes heureux et que vous l'aimez encore... Partez donc, je ne vous l'ordonne pas, moi... mais je vous en prie à genoux.

ADOLPHE. Non, non, c'est impossible, je ne signerai pas.

CLARA. Si, si... il le faut.

ADOLPHE. Pars, pars, ma bonne amie.

CLARA. Je ne veux pas, je ne veux pas, mon bon ami.

ADOLPHE. Eh bien! écoute..... oui... tes yeux... les miens... tu m'entends...... Clara.

CLARA. Adolphe!

ADOLPHE. Point de séparation; jamais de séparation! ici... tous les deux..... et pour la vie... (*Il déchire l'acte.*)

CLARA, *déchirant aussi.* Ici... tous les deux... et pour la vie!

ADOLPHE, *donnant l'acte déchiré.* Tenez, Monsieur, vous pouvez à présent envoyer au ministre notre réponse.

(20)

ON TROUVE
CHEZ J.-N. BARBA, LIBRAIRE,
PALAIS-ROYAL.

Description des pierres gravées du cabinet du duc d'Orléans, au nombre de 173 planches sur papier vélin, 2 vol. petit in-folio. Au lieu de 100 fr., 15 fr.; cartonné à la Bradel 20 fr. Cette description dont le 1er vol. a été fait par l'abbé Arnaud, le 2e par Lachau et Lebloud, explique, reproduit la plus belle collection connue en ce genre d'antiquités.

Trois hommes d'esprit et de science se sont associés pour nous faire connaître les trésors que renfermait un des plus curieux cabinets de l'Europe. Leur livre offre la lecture la plus piquante et la plus instructive; jusqu'ici le prix élevé de cet ouvrage ne lui avait laissé accès que dans quelques rares bibliothèques. Aujourd'hui le prix auquel il est coté les lui ouvre toutes.

Dictionnaire de la Pénalité dans toutes les parties du monde, dédié au jeune barreau dans la personne de Mérilhou, 5 vol. in-8° de 600 pag., ornés de 60 belles fig.
Au lieu de 80 fr. Net 20 fr.

Ce curieux ouvrage, où l'on a rassemblé les plus précieux documens historiques, vient d'être terminé. Le jeune barreau, la magistrature, les savans, se sont accordés pour louer le plan et l'exécution: cet immense travail forme en quelque sorte une histoire de la marche et des progrès de la civilisation chez les différens peuples. Les soixante gravures représentant les divers supplices, ne sont pas la partie la moins curieuse de ce livre. Chacune a pour sujet un supplice ou une peine, l'artiste a fait preuve d'un rare talent dans ses desseins énergiques et touchans.

Dictionnaire philosophique de Voltaire, 9 vol. in-18, grand raisin vélin. 9 fr.

Cette édition, imprimée par M. Doyen avec le plus grand luxe, est d'une rare élégance. Chaque volume a coûté 2 fr. de fabrication.

Idem, 16 vol. in-18, papier vélin, Didot. 6 fr.

Idem, 8 forts vol. in-12. 8 fr.

Dictionnaire étymologique de la langue Française, par Ménage, 3 vol. in-folio. Au lieu de 72 fr. br. 24 fr., demi-reliure 30 fr.

Cet ouvrage qui est à la fois un traité complet de physiologie où l'auteur a fait preuve d'une parfaite connaissance des langues anciennes et modernes, présente même aux lecteurs qui ne recherchent pas l'érudition, une lecture attrayante; il n'est pas un proverbe, de locution proverbiale dont l'origine ne soit indiquée dans cette édition la meilleure et la seule complète.

Histoire de France abrégée, depuis le commencement de la monarchie, avec cette épitaphe : *La vérité, toute la vérité, rien que la vérité*, par Pigault-Lebrun, 8 vol. in 8°, satinés.
Au lieu de 56 fr. Net 28 fr.

On connaît l'épigraphe de cette histoire : *La vérité, toute la vérité*. Jamais auteur n'a mieux justifié son épigraphe. Des vues élevées, une critique éclairée, les événemens replacés sous leur véritable jour, les hommes appréciés par leurs actions, en un mot une véritable Histoire de France, voilà ce qui a fait du livre de M. Pigault un livre entièrement neuf, *c'est la meilleure histoire qui existe*.

Histoire des environs de Paris, par Dulaure, 14 vol. in-8°, ornés de 100 grav. et d'une belle carte de 44 lieues sur 68.
Au lieu de 110 fr. 55 fr.

OEuvres de Salomon Gessner; 3 vol. in-4°, grand-raisin, ornés de 74 estampes et autant de vignettes, dessinées par Barbier l'aîné, et gravées par Lignon, Godefroy et autres artistes célèbres.
Au lieu de 150 fr. 20 fr.

—*Idem*, cartonné à la Bradel. 26 fr.

Le même livre, 3 vol. in-fol., gr. pap. de Hollande, premières épreuves.
Au lieu de 300 fr. 35 fr.

—*Idem*, cartonné à la Bradel. 45 fr.

Nous ne ferons pas ici l'éloge d'un auteur auquel son mérite et la juste faveur du public ont assigné un rang si distingué; mais nous dirons que cette édition est un des chefs-d'œuvres de la gravure, et que jamais dans aucun livre l'art n'a été porté plus loin. L'élévation du prix n'en faisait jusqu'ici que l'ornement de quelques bibliothèques privilégiées, ce rabais extraordinaire en permettra l'acquisition à tous les amateurs.

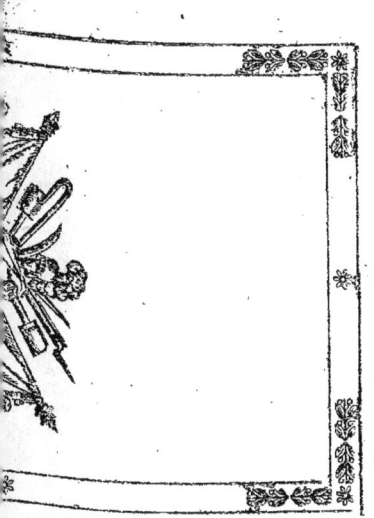
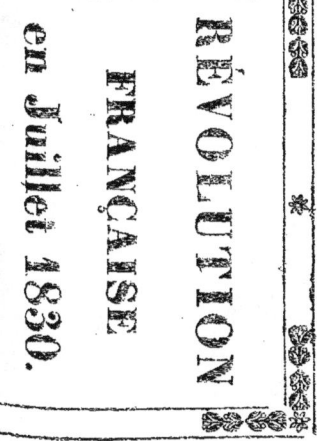

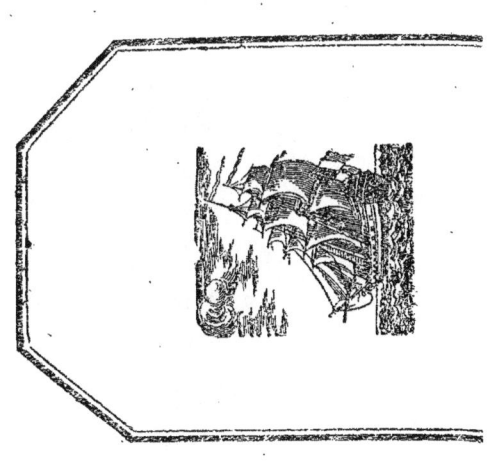

www.ingramcontent.com/pod-product-compliance
Lightning Source LLC
Chambersburg PA
CBHW060620050426
42451CB00012B/2354